BEI GRIN MACHT SICH IHR WISSEN BEZAHLT

- Wir veröffentlichen Ihre Hausarbeit,
  Bachelor- und Masterarbeit

- Ihr eigenes eBook und Buch -
  weltweit in allen wichtigen Shops

- Verdienen Sie an jedem Verkauf

Jetzt bei www.GRIN.com hochladen
und kostenlos publizieren

Gesundheitsförderung und Gesundheitsberatung. Themenzentrierte Interaktion, die Plattform jameda.de und der systemische Beratungsansatz

J. Villringer

Bibliografische Information der Deutschen Nationalbibliothek:

Die Deutsche Nationalbibliothek verzeichnet diese Publikation in der Deutschen Nationalbibliografie; detaillierte bibliografische Daten sind im Internet über http://dnb.d-nb.de abrufbar.

ISBN: 9783346883230
Dieses Buch ist auch als E-Book erhältlich.

© GRIN Publishing GmbH
Trappentreustraße 1
80339 München

Druck und Bindung: Books on Demand GmbH, Norderstedt Germany
Gedruckt auf säurefreiem Papier aus verantwortungsvollen Quellen

Das vorliegende Werk wurde sorgfältig erarbeitet. Dennoch übernehmen Autoren und Verlag für die Richtigkeit von Angaben, Hinweisen, Links und Ratschlägen sowie eventuelle Druckfehler keine Haftung.

Das Buch bei GRIN: https://www.grin.com/document/1360058

Einsendeaufgabe

Klinische Psychologie 2

Studienfach:
B. Sc. Psychologie

SRH Fernhochschule – The Mobile University

Heidelberg, der 16.09.2022

Inhaltsverzeichnis

4

Abbildungsverzeichnis

1 Aufgabe A1

1.1 Entstehung der TZI

Das Zitat „dem ursprünglich gesunden Menschen ein solches Leben ermöglichen, in dem er gesund bleiben kann -wie kann das Gelingen?" befasst sich mit der themenzentrierten Interaktion (TZI).[1]

Dies wiederum ist auch die Hauptfrage, welche von Ruth C. Cohn in ihrem Konzept für die themenzentrierte Interaktion erörtert wird. In den 1950er Jahren wurde die themenzentrierte Interaktion von Ruth Cohn der Psychoanalytikerin und Psychologin entwickelt.[2]

Ruth Charlotte Hirschfeld wurde 1912 in Berlin in eine deutsch-jüdische Kaufmannsfamilie hineingeboren. 1933 brach sie ihr Studium aufgrund des zunehmenden Naziterrors ab, setzte es jedoch in Zürich fort. Sie absolvierte neben ihrem Studium zusätzlich die Fächer Pädagogik, Theologie, Literatur und Philosophie und vollbrachte nebenbei noch eine sechsjährige Ausbildung für Psychoanalyse zur Psychoanalytikerin. Während des Naziterrors bekam sie immer mehr mit, dass nur einer begrenzten Anzahl privilegierter Menschen in psychoanalytischen Praxen geholfen werden kann. Ruth Hirschfeld machte dies stutzig und sie überlegte wie den Menschen, nachhaltiger geholfen werden kann.

Ein paar Jahre später, 1938 heiratet sie ihren Lebenspartner Helmut Cohn, welcher selbst Arzt war, und sie wanderten gemeinsam in die USA aus.

1946 eröffnete Ruth C. Cohn ihre eigene Praxis in New York, und arbeitete anfangs nur mit Kindern, bis sie später auch erwachsene Patienten aufnahm.

Theodor Reik gründete die National Psychological Association for Psychoanalysis. An diesem Projekt beteiligte sich Ruth Cohn als Dozentin und auch in der Ausbildungskommission. Sie fing an, 1955 Workshops zu leiten, welche die ersten Schritte in Richtung der Entwicklung des TZI ist.

Ruth C. Cohn hatte nicht nur den Wunsch ihre Einsichten der Gruppentherapien an die Patienten weiterzugeben, sondern wollte ihre Therapien auch an weitere Personenkreise weitergeben. Sie stellte fest, dass Patienten in therapeutischen Gruppen viel einfacher lernen und auch ein förderliches Lernen anstreben als Studenten, welche in ihrem üblichen Unterrichtsumfeld sitzen. Als Begründung dieser Erkenntnis kam zum Vorschein, dass dies an der stärkeren Berücksichtigung der Emotionen und des individuellen Wohlbefindens der Teilnehmer liegt. Ruth C. Cohn hielt an folgendem fest:

---

1 Vgl. Langmaack (2001), S. 17

2 Vgl. Cohn (1975), S. 94

„Es hatte mich immer wieder in Erstaunen versetzt, in welchem Ausmaß Mitglieder therapeutischer Gruppen mit Hilfe dieser Erfahrungsweise ein ungeheuer anregendes und nutzbringendes Lernen erlebten, während die meisten Studenten in Hörsälen das Studieren als trocken und nicht bereichernd quasi erdulden. So erfuhr ich den Unterschied zwischen „totem" und „lebendigem" Lernen."[3]

Die gruppentherapeutischen Methoden welche Ruth Cohn aufsetzte, wurden so konzipiert, dass diese auch in Hörsälen, Schulklassen sowie auch in Organisationen eingesetzt werden können. Daher ist erkennbar, dass ihre Methoden auf verschiedene Einflüsse basieren. Zum einen basieren sie auch psychoanalytischen Theorien und zum anderen basieren sie auf Erlebnis. Und gruppentherapeutischen Erfahrungen und existential-philosophischen Prämissen in der „Humanistischen Psychologie".
Letztendlich entstand aus Ruth C. Cohns Methode des lebendigen Lernens die themenzentrierte Interaktionelle Methode und auch die themenzentrierte Interaktion.[4]

1.2 Methode

Das eigentliche Ziel von Ruth C. Cohn war es, dem gesunden Menschen ein Leben zu ermöglichen, indem er gesund bleiben und leben kann. Hierbei bezieht sich das gesunde Leben nicht nur auf das Wohlbefinden der Person, sondern auch um die politische Verantwortlichkeit gegenüber der Welt.[5]
Der Ausgangspunkt der TZI ist ein TZI-Dreieck. Dieses erfand Ruth C. Cohn unüblicher Weise nachts im Schlaf.
„Eines Nachts träumte ich von einer gleichseitigen Pyramide. Im Aufwachen wurde mir klar, dass ich die Grundlage meiner Arbeit erträumt hatte. Die gleichseitige Traumpyramide bedeutete mir: Vier Punkte bestimmen meine Gruppenarbeit. Aus der Pyramide wurde aus darstellerischen Gründen ein Dreieck, der vierte Punkt durch einen Kreis dargestellt."[6]
Das TZI beruht auf einem „Vierfaktorenmodell", welches bedeutet, dass jeder der Gruppen von vier verschiedenen Faktoren bestimmt ist.
- Die Person (Ich)
- Der Gruppeninteraktion (Wir)
- Der Aufgabe (Es)

3 Vgl. Cohn (1990), S. 111
4 Vgl. Langmaack (2001), S. 20ff.
5 Vgl. Reiser (1995), S. 142
6 Vgl. Langmaack (2001), S. 49f.

- Dem Umfeld (Globe)

Die Person, Gruppeninteraktion und die Aufgabe sind Faktoren, welche gleich wichtig sind. Diese werden dann mit dem Faktor der Umwelt ergänzt, welche den Ort, Wissensstand, Zeit und Hintergrund der Teilnehmer darstellen. Nur wenn alle Faktoren im Prozess in einer Gruppe berücksichtigt und sich in die Themenformulierung einfinde, d.h. dynamisch ausbalanciert sind, ist es möglich, ein anständiges Leben laut TZI zu führen.[7]

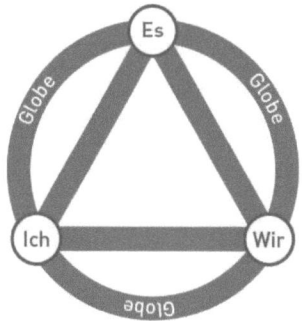

Abbildung 1. Themenzentrierte Interaktion - TZI[8]

Das Menschenbild, welches im TZI wiedergespiegelt wird, wird in drei „Axiomen" dargestellt. Es besteht aus der „Autonomie", der „Wertschätzung" und aus dem „Grenzen erweitern". Die Autonomie besteht darin, dass der Mensch ein Teil des Universums ist, und aus einer psychobiologischen Einheit besteht. Er ist independent und autonom. Je mehr sich der Mensch mit seiner eigenen Independenz bewusst ist, desto größer ist die Autonomie jedes Einzelnen. Die Wertschätzung bedeutet vor allem, dass man Respekt vor dem Wachstum wie auch den bewertenden Entscheidungen trägt. Das Humane gilt als wertvoll und das Inhumane wird als wertbedrohend gesehen. Unter dem Grenzen erweitern wird die freie Entscheidung gesehen, welche innerhalb der inneren und der äußeren Grenze sitzt. Jedoch ist es möglich, diese Grenze zu erweitern.

Des weiteren gibt es „Postulate", welche nicht als Regeln gelten, sondern welche als Beschreibung angesehen werden. Diese zwei Postulate werden im imperativ formuliert, damit aufgefordert wird, sich dementsprechend zu verhalten.

---

7 Vgl. Langmaack (2001), S. 48
8 Vgl. Quilling (2015)

„Sei Deine eigene Chairperson! Nimm jede Situation als Angebot für die eigene Entscheidung wahr."

„Störungen haben Vorrang bzw. nehmen sich Vorrang."[9]

Demnach gibt es eine Menge an „Hilfsregeln", welche die Interaktion in einer Gruppe unterstützen sollen. Sie sind da, um zu helfen, aber nicht um eingeengt zu sein.

- Vertritt dich selbst in deinen Aussagen; sprich per „Ich" und nicht per „Wir" oder „Man".
- Wenn du eine Frage stellst, sage, warum du fragst und was deine Frage für dich bedeutet. Sage dich selbst aus und vermeide das Interview.
- Sei authentisch und selektiv in deinen Kommunikationen! Mache dir bewusst, was du denkst und fühlst und wähle, was du sagst und tust.
- Halte dich mit Interpretationen von anderen zurück. Sprich stattdessen deine persönlichen Reaktionen aus.
- Sei zurückhaltend mit Verallgemeinerungen.
- Wenn du etwas über eine andere Person sagst, sage auch, was es dir bedeutet, dass sie so ist, wie sie ist.
- Seitengespräche haben Vorrang. Sie stören und sind meist wichtig. Sie würden nicht geschehen, wenn sie nicht wichtig wären.
- Nur einer zur gleichen Zeit bitte! Wenn mehr als einer gleichzeitig sprechen will, verständigt euch.[10]

1.3 TZI im Kontext der folgenden Situation:

Ein Ernährungsberater möchte ein Workshop-Konzept für Gruppen bis 8 Personen entwickeln, die eine Gewichtsreduktion anstreben. Der Berater erhofft sich vom gemeinsamen Arbeiten einen günstigen Effekt beim Erreichen des Ziels seiner Klienten. Wie könnte das erste Treffen von 90 Minuten aus der Perspektive der TZI konkret gestaltet sein?

Es gibt wichtige Aufgaben, welche, während eines Gruppen-Workshops vom Gruppenleiter durchgeführt werden müssen. Dem Ernährungsberater ist es wichtig, dass sich jeder der 8 Personen weiterentwickelt, und will seinen Klienten beim Erreichen der Ziele helfen. Zum einen muss er das Thema erkennen, die Balance halten und die Gruppe befähigen. Der Ernährungsberater hilft den 8 Personen das Thema zu erkennen,

---

9 Vgl. Bertels, Hater, Moog & Schlemmer (2015), S. 332
10 Vgl. Cohn (1975), S. 124

wobei sie dieses oft selbst wissen, bei solch einem Workshop. Die Teilnehmer sind sich selbst bewusst, weswegen sie daran teilnehmen und streben, alle das gleiche Ziel an, nämlich die Gewichtsreduktion. Wenn das Thema erkannt, aber undeutlich formuliert wird, erkennt dies die TZI Leitung und führt die Teilnehmer wieder auf den richtigen Weg. Er würde ihnen hierbei helfen, die Frage bzw. das eigentliche Thema neu zu formulieren. Um die Balance in solch einem Workshop halten zu können hilft der TZI. Es werden alle drei Bereiche Ich, Wir und Es bearbeitet und durchgesprochen. Hierbei wird die Balance im TZI Dreieck gehalten. Wenn schon in den ersten 90 Minuten erkannt wird, dass es noch weitere Probleme bezüglich dieses Themas gibt, schaltet sich die TZI-Leitung ein und formuliert die das Thema neu damit all das gedeckt wird. Hierbei wird der Satz „Sei deine eigene Chairperson" sehr berücksichtigt, da nur motivierten Teilnehmer solch eine Gewichtsreduktion durchziehen würden.

Ich-Aspekte, welche wichtig in solch einer Gruppe sind, sind Angst, Neugier, Werte, Erfahrungen, Glaubenssätze, Fähigkeiten und Erkenntnisse.

Wir-Aspekte, welche auch potenziell wichtig sind, sind Konkurrenz, Konflikte, Zusammenarbeit, Entscheidungsfindung, Macht, Beziehung, Liebe und Missverständnisse.

Um die Gruppe zu befähigen, ist es wichtig, dass die Gruppe das Thema zum größten Teil selbst erkennen kann, die Balance selbst halten kann und den Gruppenprozess steuern kann, wie auch die Ergebnisse gemeinsam umsetzten erreichen kann.

2 Aufgabe A2

2.1 Plattform Jameda.de

Jameda.de ist eine Internet-Plattform, auf der sich Ärzte präsentieren können und Patienten Ärzte suchen und bewerten können. Sie wurde 2007 für Ärzte gegründet, damit sie neue Patienten gewinnen können und diese ihren nach Kriterien passenden Arzt finden.

Im Jahr 2008 beteiligten sich die Firmen Tomorrow Focus Ag und Focus Magazin Verlag an den Gesellschaftsanteilen von Jameda.de. 2011 wurden die Gesellschaftsanteile aufgelöst und Tomorrow Focus AG wurde die alleinige Gesellschafterin. 2015 kauften die Firma Burda Digital GmbH Jameda für 46 Mio. Euro. Seit 2021 gehört die Plattform nun der polnischen Gruppe DocPlanner Group Jameda.de.[11]

Jameda.de ist in Deutschland die größte Plattform welche Arztempfehlungen beinhaltet. Im Monat suchen hierüber um die 6 Mio. Patienten ihren passenden Arzt. Dabei helfen

---

11 Vgl. in: Jameda.de (2016)

Empfehlungen, welche von anderen Patienten über die Ärzte geschrieben wurden und auch die Informationen, welche von den Ärzten bereitgestellt werden. Daneben gibt es auch eine Vielzahl an Filterungsmöglichkeiten, um die Suche zu optimieren.

Durch eine Online-Terminbuchungsfunktion ist es den Patienten möglich ihren Arzttermin über die Plattform Jameda.de zu vereinbaren.

Den Ärzten ist es möglich ihre Praxen auf Jameda.de vorzustellen und das umfassende Leistungsspektrum zu präsentieren. Ärzte verfügen meist über ein kostenpflichtiges Premium Paket bei dem sie spezielle Einträge wie Fotos, Artikel und Texte über ihre Praxis darlegen können. Ebenso gibt es dabei noch einen vollumfänglichen Praxiskalender und die Funktion für eine Online-Terminvergabe.

Insgesamt gibt es ca. 400.000 App Downloads, bundesweit sind aktuell 480.000 Adressen von Ärzten oder anderen Heilberuflern auf der Plattform bekanntgegeben und es gibt insgesamt mehr als 2 Mio. Bewertungen auf der Plattform.[12]

2.2 Was motiviert die Menschen dazu, einen Bericht auf der Plattform zu schreiben, und auch zu bewerten

Für Ärzte bietet die Plattform einige Vorteile. Sie können damit ihre Leistungen aber auch die Dienste, welche sie anbieten darstellen. Ebenso gibt es einen sogenannten Kundenschutzstatus. Das heißt sie sind geschützt vor Beleidigungen und vor Schmähkritik. So ist es eine vereinfachte Art und Weise, neue Kunden zu bekommen.

Für Patienten ist es eine gute Möglichkeit ihre Ärzte online auszusuchen. Sie haben die Möglichkeit durch mehrere Filter den passenden Arzt herauszusuchen und bekommen diesbezüglich mehrere Bewertungen und Berichte zu lesen. Anhand dieser Bewertungen und Berichte können sie letztendlich selbst entscheiden, ob sie sich für diesen Arzt entscheiden oder eben nicht.

Dadurch, dass viele Patienten ihren besuchten Arzt bewerten, sorgt dies für mehr Transparenz im Gesundheitswesen. Ebenso werden so auch die anderen Patienten unterstützt bei der Suche nach ihrem passenden Arzt.

Es gibt drei wichtige Punkte beim Bewerten des Arztes:

- Subjektive Meinung formulieren
- Differenz zwischen der Notenbewertung
- Verzicht auf Beleidigungen.

Auf Jameda.de wird gebeten, dass die Patienten auch ihre kritische Meinung bezüglich des Arztes abgeben, wenn diese unzufrieden mit ihm waren. Patienten, die ihren Arzt

---

12 Vgl. in: Jameda.de (2022)

auf diese Plattform suchen, sind auf positive wie auch auf negative Erfahrungsberichte angewiesen. Daher wird täglich dafür gesorgt, dass Patienten sich auf diese Bewertungen verlassen können.

Ärzten wird die Möglichkeit gegeben diese Bewertungen prüfen zu lassen. Daher kann es aufgrund der rechtlichen Vorgaben passieren, dass nicht immer alle der kritischen Bewertungen nach solch einer Prüfung erneut veröffentlicht werden. Dabei wird sowohl der Arzt als auch die Patienten geschützt.

Patienten haben hierbei das Recht ihre Meinung frei zu äußern, jedoch wird auch auf das Persönlichkeitsrecht der Ärzte geschaut, dass es keine Eingriffe in deren persönlichen Lebensbereich gibt. Entschieden, ob die Bewertung bzw. der Erfahrungsbericht freigegeben wird, hängt letztendlich daran, ob es eine Meinungsäußerung oder eine Tatsachenbewertung ist. Eine Meinungsäußerung wird dann erneut veröffentlicht, wenn sich der Patient nach der Prüfung zurückmeldet.

Allerdings muss die Bewertung des Patienten auch kritisch beurteilt werden. Der Patient berichtet subjektiv über seine Erfahrung. Jeder Mensch empfindet Situationen unterschiedlich und auch Sympathien zu Ärzten sind sehr subjektiv.[13] Ein vielleicht vom Patienten nicht sympathischer Arzt aber fachlich ausgezeichneter Arzt bekommt ungerechtfertigt eine schlechte Bewertung. Selbstverständlich kann ein Arzt bei Jameda.de dies überprüfen lassen, aber dies ist mit einem gewissen Aufwand verbunden. Des Weiteren ist zu kritisieren, dass wenn ein Arzt ein Premiumpaket bei Jameda.de hat und dafür bezahlt, dass er deutlich besser positioniert, ist als sog. Basiskunden, die nichts bezahlen.

Letztendlich gibt es immer wieder unzufriedene Patienten und der Ruf eines Arztes kann durch diese Plattform geschädigt werden. Die Plattform beurteilt die Ärzte leider nicht objektiv.[14]

2.3 Gesundheitskompetenz

Gesundheitskompetenz war früher unter „Health Literacy" bekannt, bis sie im Laufe der Jahre erweitert wurde.

Gesundheitskompetenz gilt als die Fähigkeit, Gesundheitsinformationen zu finden, zu verstehen, zu beurteilen und anzuwenden, um im Alltag angemessene Entscheidungen zur Gesundheit treffen zu können."[15]

Unter gesundheitsrelevanten Informationen wird die aktive Handlung bezeichnet Informationen zu finden, welche eben gesundheitsrelevant sind. Die suchende Person

---

13 Vgl. in: Jameda.de (2019)
14 Vgl. Billing (2021), in: shifted.eu
15 Vgl. Gimbel, Lang (2018), S. 180

sollte kompetent genug dafür sein, diese Informationen an den richtigen Stellen zu suchen. Es gibt die Möglichkeit diese im Internet, oder auch bei Ärzten, Apothekern oder auch Physiotherapeuten zu finden. Des Weiteren sollten diese Informationen auch in ihrer Aussage intellektuell verstanden werden.

Wenn die Informationen aufgenommen wurden, werden diese weiterführend beurteilt, das bedeutet, dass sie kritisch beleuchtet werden, ob diese die eigenen Fragen bzw. Problemstellung beantworten können. Anschließend werden die aufgenommenen Informationen in das alltägliche Handeln, Denken und Fühlen integriert. In der Definition geht es hauptsächlich darum, dass man die erworbenen Informationen in seinem alltäglichen Leben nutzt und so die eigene Gesundheit erhalten und fördern kann. Hierbei ist der Einfluss auf die Krankheitsprävention, die Gesundheitsförderung und die Krankheitsbewältigung jedes Einzelnen wichtig.[16]

Unter der allgemeinen Gesundheitskompetenz werden die Fertigkeiten und auch die Fähigkeiten eines Einzelnen (persönliche Gesundheitskompetenz) sowie auch die Komplexität und die Fertigkeit der Lebensumwelt und des gesamten Systems (organisationale und systemische Gesundheitskompetenz) verstanden.[17]

2.4 Gesundheitskompetenz in Verbindung mit der Plattform und dem Verfassen von Erfahrungsberichten

Auf der Plattform Jameda.de werden wie im oberen Abschnitt erklärt, Erfahrungsberichte zu den verschiedensten Ärzten verfasst. Jeder kann diese bewerten und lesen. Somit fällt es vielen Patienten einfacher, den passenden Arzt zu finden. Es kann gezielt nach dem passenden Arzt gesucht werden. Wenn man dies nun mit Gesundheitskompetenz verbindet, wird schnell erkannt, dass jeder Mensch über eine andere Vorstellung von Gesundheit verfügt und mit dieser auch komplett anders umgeht.

Daher kann solch eine Plattform für den ein oder anderen sehr praktisch sein. Jeder kann durch die Filterfunktion die passenden Gesundheitskompetenzen des Arztes aussuchen und daraus wird der passende Arzt herausgefiltert. In den Erfahrungsberichten der Patienten ist ebenso erkennbar, welche Gesundheitskompetenzen der Patient hat. Man kann dies an den positiv sowie an den negativ berichteten Erfahrungen erkennen.

„Je ausgeprägter die Gesundheitskompetenzen sind, so die allgemeine Annahme, desto besser ist man in der Lage, sich im Alltag über das Gesundheitswesen, die Prävention von Krankheiten und die Gesundheitsförderung zu informieren, eine Meinung zu bilden

---

16 Vgl. Schaeffer et al. (2020), S. 12f.
17 Vgl. Schaedder et al. (2020), S. 13f.

und Entscheidungen zu treffen, die die Lebensqualität und Gesundheit im Lebensverlauf erhalten oder verbessern."[18]

Das Zitat kann sehr gut mit der Plattform in Verbindung gebracht werden. Wenn ein Mensch eine ausgeprägte Gesundheitskompetenz hat, fällt diesem die Suche nach dem passenden Arzt viel leichter. Er weiß genau auf welche Kriterien er bei der Suche achten muss, und was genau er für einen Arzt haben möchte. So ist seine Suche viel spezifischer. Allerdings muss immer wieder erwähnt werden, dass es sich um subjektive Beurteilungen von Patienten handelt und dass viele der Patienten emotional berichten, dass bedeutet, wenn der Patient sich über die Behandlung des Arztes geärgert hat wird er nicht mehr so objektiv über die fachliche Kompetenz des Arztes berichten. Findet der Patient den Arzt sehr sympathisch und nimmt sich der Arzt viel Zeit dann wird er kaum die fachliche Kompetenz anzweifeln bzw. negativ beurteilen.

2.5 Wie könnte diese Ausprägung durch konkretes Verhalten des Arztes günstig beeinflusst werden?

Eine Beeinflussung durch den Arzt kann die Gesundheitskompetenz eines Patienten verstärken. Vom behandelnden Arzt wird erwartet, dass er sich für den Patienten Zeit nimmt, ihn über seine Erkrankung aufgeklärt und ihm entsprechende Therapien anbietet und empfiehlt. Wenn der Patient aufgeklärt ist, dann kann er mit seiner Situation meist besser umgehen und dem Patienten können seine Ängste genommen werden.

Des Weiteren können gut aufgeklärte Patienten präventiver mit ihrer Gesundheit umgehen. Der Arzt kann dies durch oben genannte Ausführung positiv beeinflussen und die meisten Patienten nehmen Die Empfehlungen ihres Arztes, dem sie auch Vertrauen, sehr ernst.

3 Aufgabe A3

3.1 Systemischer Beratungsansatz

Der systemische Beratungsansatz ist auch als systemische Therapie bekannt. Diese ist ein psychotherapeutisches Verfahren, welches die Probleme des Menschen nicht als eine einzelne Störung betitelt, sondern es wird als Folge einer Störung des Menschen im sozialen Umfeld, also als eine Störung des Systems dargestellt. Solch ein System kann zum Beispiel das Arbeitsumfeld, die Familie oder auch die Schule eines Individuums sein.[19]

---

18 Vgl. Jordan, Töppich (2015), S. 921
19 Vgl. Kritz (2014), S. 214

Der Mensch wird in der systemischen Therapie als ein Teil des Systems gesehen, indem alle Personen direkt miteinander zusammenhängen. Wenn es nur die kleinste Veränderung in diesem System gibt, wirkt sich dies auf alle Mitglieder aus. Die psychische Gesundheit der einzelnen Mitglieder kann durch ungünstige Kommunikationsmuster oder auch durch eine gestörte Beziehung innerhalb des Systems geschehen.

Ein Therapeut würde hierbei das Problem eines Individuums auf das System zurückführen welches dementsprechend eine Störung aufweist. Wenn diese Therapierichtung mit anderen verglichen wird, kann erkannt werden, dass der potenzielle Fokus des Problemlösens auf den Einflüssen liegen, welche krank machen. Therapeuten gehen davon aus, dass jede Störung, welche auftreten kann aus einem bestimmten Grund und aus einem bestimmten Zweck auftritt. Anschließend wird gemeinsam (Therapeut und Patient) nach den Symptomen, welche auftreten im System, geschaut.

Solch eine systemische Therapie kann in einem Einzelsetting aber auch mit den Bezugspersonen sattfinden. Bei einem Einzelsetting ist der Therapeut die stellvertretende Bezugsperson und versucht hiermit dann mit Symbolen zu arbeiten.[20]

Der Ursprung der Systemischen Therapie liegt in der Familientherapie. Der Grund hierfür ist, dass die Vertreter der systemischen Ansätze gemerkt haben, dass bei der psychischen Gesundheit nicht nur die Familie beteiligt und schuld daran ist.

Die systemische Beratung ähnelt der systemischen Therapie. Damit Probleme gelöst werden können, wird hier am System angesetzt. Der einzige Unterschied zwischen Therapie und Beratung ist, dass bei der systemischen Therapie die psychischen Leiden eines Individuums bearbeitet werden. Bei der Beratung wird sich auf die alltäglichen Probleme des Menschen konzentriert und es werden die Betroffenen dabei unterstützt, dass sie ihre Ziele umsetzten und die Probleme lösen können. Die Dauer der beiden ist auch unterschiedlichen, denn die systemische Therapie ist oft länger und langwieriger als die systemische Beratung.[21]

Sowohl die systemische Therapie als auch die systemische Beratung befasst sich mit den Bereichen wie Schülercoaching, systemische Aufstellungen, Elterncoaching, Beratung, Supervision oder Coaching.

---

20 Vgl. Berking, Rief (2012), S. 118

21 Vgl. In: Bundes Psychotherapeuten Kammer (2017)

3.2 Kohärenzgefühl nach Antonovsky

Das theoretische Konzept des Kohärenzgefühls wurde von Aaron Antonovsky im Jahr 1979 entwickelt und wurde dann zum Kernstück des Salutogenese Modells.[22] Das Modell „beschreibt eine globale Orientierung, die ausdrückt, in welchem Maße man ein durchgehendes, überdauerndes und dennoch dynamisches Gefühl der Zuversicht hat, dass (1) die Ereignisse der inneren und äußeren Umwelt im Laufe des Lebens strukturiert, vorhersehbar und erklärbar sind; (2) die Ressourcen verfügbar sind, um den durch diese Ereignisse gestellten Anforderungen gerecht zu werden; und (3) diese Anforderungen als Herausforderungen zu verstehen sind, die es wert sind, sich dafür einzusetzen und zu engagieren".[23]

Das Salutogenese-Modell von Antonovsky kämpft für ein „Gesundheits-Krankheits-Kontinuum" und nicht für eine Dichotomie. Darunter wird verstanden, dass jeweils die Gesundheit und die Krankheit einen Pol bilden. Der Zustand einer Person bewegt sich dann dynamisch zwischen den beiden Polen. Daher gibt es eine kontinuierliche Verschiebung der Konzentration von einer krankheitsorientierten Anschauung eines Menschen zu einer ganzheitlichen, also einer Anschauung, welche die gesunde und auch die erkrankten Aspekte in den jeweiligen Behandlungsplan einbringen. Hierbei steht nicht der Grund der Auslösung der Erkrankung im Vordergrund, sondern es werden die Faktoren angeschaut, welche sich beeinflussen lassen können, damit der jeweilige Patient auf dem Gesundheits-Krankheits-Kontinuum wieder in die richtige Richtung driftet.[24] Dabei ist es maßgebend, was das Kohärenzgefühl angibt. Dabei geht es darum, wie gut eine Person mit den eignen Ressourcen und somit mit der Erhaltung der eigenen Gesundheit umgehen kann und diese pflegen kann. Das Kohärenzgefühl wird von Antonovsky als „eine globale Orientierung, die ausdrückt, in welchem Ausmaß man ein durchdringendes, andauerndes und dennoch dynamisches Gefühl des Vertrauens hat, dass

1. die Stimuli, die sich im Verlauf des Lebens aus der inneren und äußeren Umgebung ergeben, strukturiert, vorhersehbar und erklärbar sind;

2. einem die Ressourcen zur Verfügung stehen, um den Anforderungen, die diese Stimuli stellen, zu begegnen; diese Anforderungen Herausforderungen sind, die Anstrengung und Engagement lohnen."[25]

---

22 Vgl. Dorsch Wörterbuch „Kohärenzgefühl"

23 Vgl. Antonovsky (1987), S.182

24 Vgl. Antonovsky (1997), S. 29f.

25 Vgl. Anonovsky (1997), S. 36

Ein wichtiger Punkt ist, dass wenn eine Person ein sehr ausgeprägtes Kohärenzgefühl hat, sie gesünder ist, d.h. sie erholt sich schneller von Erkrankungen, da sie aktiver auf verschiedene Herausforderungen reagiert. Es gibt drei Komponenten, aus denen das Kohärenzgefühl zusammengesetzt ist. Aus dem Gefühl der Sinnhaftigkeit, der Verstehbarkeit und der Bewältigbarkeit. Die drei Komponenten werden mit 51 Tiefeninterviews eruiert, von denen die Befragten alle ein sehr schweres Trauma erlebt haben und damit auch gut zurechtkamen. Anschließend wurden die Ergebnisse der Tiefeninterviews von Antonovsky ausgewertet und untersucht.

Das Gefühl der Bewältigbarkeit (sense of manageability) ist ein Verarbeitungsmuster welches kognitiv-emotional ist. Es ist zuständig für die Überzeugung des Menschen, dass diese ihre Herausforderungen bewältigen können. Wenn also eine Person genügend Ressourcen für die Anforderungen hat, so ist diese in der Lage ihnen konstruktiv zu begegnen. Darunter wird zum Beispiel verstanden, dass die Person eine andere Person um einen Rat fragt. Wenn der Mensch zu wenig Ressourcen oder diese ineffektiv sind, dann hat er das Problem handlungsunfähig zu sein.

Das Gefühl der Verstehbarkeit (sense of comprehensibility) wird als kognitives Verarbeitungsmuster dargestellt. Dadurch ist das Individuum in der Lage die Informationen strukturiert und konsistent wahrzunehmen. Sie werden geordnet und nicht einfach willkürlich oder zufällig dargestellt, sodass der Stimuli überfordert wird.[26]

Das Gefühl der Sinnhaftigkeit (sense of meaningfulness) liegt dann vor, wenn der Mensch das Gefühl hat, es hat sich etwas rentiert oder sich die Energie gelohnt hat, welche er für eine Herausforderung oder ein Problem aufgetan hat. Für Antonovsky ist dies das wichtigste Komponent, welches ein Mensch haben kann. Ohne diesen Komponenten wird der Mensch das ganze Leben als eine Last empfinden. Auch wenn die anderen zwei Komponenten gut ausgeprägt sind, Kann sich ohne eine gut ausgeprägte Sinnhaftigkeit, kein hohes Kohärenzgefühl entwickeln.[27]

---

26 Vgl. Antonovsky (1997), S. 34ff.
27 Vgl. Bengel et al. (1998), S. 29-30

3.3 Durch Methoden des systemischen Beratungsansatzes lassen sich die drei Komponenten, aus denen sich das Kohärenzgefühl bearbeiten?

Nach Antonovsky ist wie bereits erwähnt ein hohes Kohärenzgefühl unerlässlich, um die täglichen Anforderungen und Stressoren zu bewältigen. Es ist wichtig die einzelnen Komponenten des Kohärenszgefühls zu stärken. Dies kann mit Hilfe des systemischen Beratungsansatzes gestärkt werden. Patienten werden durch die systemische Beratung in Lebenskrisen begleitet. Der Therapeut unterstützt den Patienten und erarbeitet gemeinsam Konzepte zur Bewältigung der belastenden Faktoren. Dies kann durch bestimmte Frage-und Gesprächstechniken, kreative Gestaltungen wie zum Beispiel Collagen oder auch durch Aufstellungen erfolgen. Das Gefühl der Bewältigbarkeit muss verbessert werden. Im Patienten müssen Ressourcen geweckt werden, damit er ein Problem bewältigen kann. Dies kann durch die systemische Beratung deutlich verbessert werden. Dadurch wird der Patient wieder handlungsfähig. Der Patient wird z.B. nach seinen Ressourcen gefragt, dadurch soll der Blick auf neue Verhaltensweisen erweitert werden. Es soll eine Lösung gefunden werden.

Des Weiteren muss das Gefühl der Verstehbarkeit verbessert werden, das heißt, die Person muss die Information wahrnehmen und entsprechend verarbeiten. Im systemischen Beratungsansatz werden Probleme der Person erörtert, es werden Ursachen und Auslöser gesucht und der Mensch soll dies besser verstehen.

Das Gefühl der Sinnhaftigkeit ist nach Antonovsky das wichtigste Komponent des Kohärenzgefühls. Die Sinnhaftigkeit bedeutet wie bereits erwähnt, dass die Überzeugung besteht, dass unser Leben bzw. unser Dasein einen Sinn hat. Dies kann ebenfalls durch gewisse Fragetechniken herausgefunden und bearbeitet werden.

4 Literaturverzeichnis

Antonovsky, A. (1987). *Unraveling the Mystery of Health: How People Manage Stress and Stay Well (JOSSEY BASS SOCIAL AND BEHAVIORAL SCIENCE SERIES)* (1. Aufl.). Jossey-Bass Inc.,U.S.

Bengel, J., Strittmatter, R. & Willmann, H. (2006). *Was erhält Menschen gesund? Antonovskys Modell der Salutogenese.* Fachportal Pädagogik. Abgerufen am 21. August 2022, von https://www.fachportal-paedagogik.de/literatur/vollanzeige.html?Fld=709676

Berking, M. & Rief, W. (2012). *Klinische Psychologie und Psychotherapie für Bachelor* (Bd. 2). Springer Verlag, 1. Auflage.

Bertels, G., Hater, K., Moog, M. & Schlemmer, S. (2015). *Aufbruch, Begeisterung, Engagement: Die Anfänge der Themenzentrierten Interaktion in Deutschland. Zeitzeuginnen und Zeitzeugen erzählen,* (1. Aufl.). Universitätsverlag Brockmeyer.

Billing, M. (2021). *DocPlanner enters Germany by acquiring Jameda.* Shifted.eu. https://sifted.eu/articles/docplanner-acquires-jameda-germany/

Bundes Psychotherapeuten Kammer: "Wirksamkeit der Systemischen Therapie in mehreren Störungsbereichen. (2017). Psychotherapeuten Kammer. Abgerufen am 19. August 2022, von https://www.bptk.de

Cohn, R. C. (1984). *Von der Psychoanalyse zur themenzentrierten Interaktion. Von der Behandlung einzelner zu einer Pädagogik für alle* (15. Aufl.). Klett-Cotta.

Cohn, R. C. (2009). *Von der Psychoanalyse zur themenzentrierten Interaktion.* Klett-Cotta.

Dorsch Wörterbuch Kohaerenzgefühl. (2014). Dorsch Wörterbuch. Abgerufen am 22. August 2022, von https://dorsch.hogrefe.com/stichwort/kohaerenzgefuehl

Dorsch Wörterbuch Kohärenzgefühl. (2015). Dorsch.Hogrefe.com. Abgerufen am 20. August 2022, von https://dorsch.hogrefe.com/stichwort/kohaerenzgefuehl

Franke, A., Antonovsky, A. & Schulte, N. (1997). *Salutogenese: Zur Entmystifizierung der Gesundheit (Forum für Verhaltenstherapie und psychosoziale Praxis)* (1. Aufl.). dgvt-Verlag.

Hilfreiche Arztbewertungen schreiben. (2019). Jameda.de. Abgerufen am 22. August 2022, von https://www.jameda.de/qualitaetssicherung/bewertungen-schreiben/

Jameda Factsheet. (2016). Jameda.de. Abgerufen am 25. August 2022, von https://www.jameda.de/jameda/jameda/jameda-Factsheet.pdf

Jordan, S. & Töppich, J. (2015). Die Förderung von Gesundheitskompetenz (Health Literacy) – Eine gesamtgesellschaftliche Aufgabe. *Bundesgesundheitsblatt -*

Gesundheitsforschung - Gesundheitsschutz, 58(9), 921–922.
https://doi.org/10.1007/s00103-015-2233-3

Kriz, J. (2014). *Grundkonzepte der Psychotherapie.* Psychologie Verlagsunion.

Langmaack, B. & Schmidbauer, W. (2001). *Einführung in die Themenzentrierte Interaktion TZI. Leben rund ums Dreieck* (2., vollständig überarbeitete Aufl.). Beltz.

Reiser, H. & Lotz, W. (1995). *Themenzentrierte Interaktion als Pädagogik.* Beltz Verlag.

Schaeffer, D., Gille, S. & Hurrelmann, K. (2020). *Der Nationale Aktionsplan Gesundheitskompetenz geht in die zweite Phase der Umsetzung* (Bd. 11). Das Gesundheitswesen 82.

Wirksamkeit der Systemischen Therapie in mehreren Störungsbereichen. (2017, 27. Juli). Bundes Psychotherapeuten Kammer. Abgerufen am 17. August 2022, von https://www.bptk.de